OBSÈQUES

DE

M. BARUÉ-PERRAULT

ANCIEN MAIRE DE VERSAILLES

ANCIEN PRÉSIDENT DU TRIBUNAL DE COMMERCE

CONSEILLER MUNICIPAL

ADMINISTRATEUR DES HOSPICES

MEMBRE DU BUREAU DE BIENFAISANCE

ADMINISTRATEUR DE LA BANQUE, ETC.

CHEVALIER DE LA LÉGION D'HONNEUR

SAMEDI 7 JUIN 1879

DISCOURS DE M. ALFRED COLLAS

Président du tribunal de commerce de Versailles

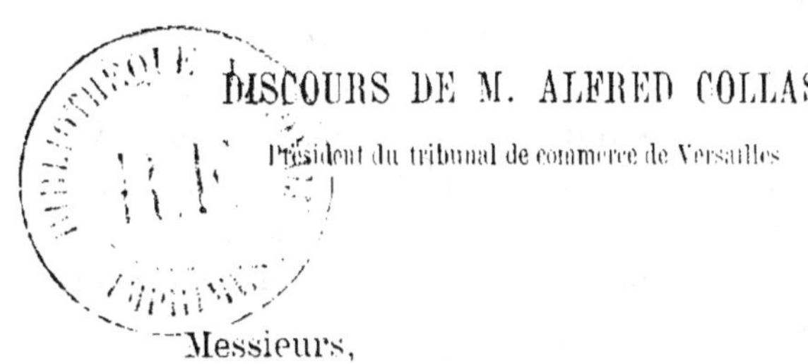

Messieurs,

Connaissant les cruelles et multiples souffrances sous l'étreinte desquelles a succombé l'honnête homme que nous pleurons, notre pensée s'est trouvée reportée vers les causes supérieures qui font et défont les existences humaines, mais elle a vainement cherché pourquoi tant de douleurs sont venues terminer une vie qui a été tout entière une vie de travail et de dévouement.

Et alors, confondus par notre impuissance, nous nous sommes prosternés avec humilité devant la toute-puissance divine d'où procède tout ce qui est, en lui demandant avec ferveur, pour l'âme de celui dont nous garderons toujours le respectueux souvenir, le repos éternel auquel ont droit les justes.

C'est au nom de la magistrature consulaire de l'arrondissement de Versailles que nous avons adressé notre fervente prière à Dieu tout-puissant, et c'est au nom de cette même magistrature consulaire que nous venons saluer, au seuil de sa tombe, celui qui a été un de ses Présidents les plus justement aimés.

Salut à Barué-Perrault !
Honneur à sa respectable mémoire !

Elle sera toujours et à la fois la mémoire d'un véritable homme de bien, la mémoire d'un ardent patriote, la mémoire d'un magistrat distingué.

Nous saluons en toi le véritable homme de bien ; car nous avons connu et apprécié tes aspirations généreuses, car nous savons que tes actes ont toujours répondu à l'élévation de tes sentiments; car nous t'avons vu, membre actif de nombreuses institutions de bienfaisance, te multiplier pour te rendre utile aux malheureux et arriver ainsi au noble but que tu as constamment poursuivi.

Nous saluons en toi l'ardent et courageux patriote; car en 1870, alors que commençaient les plus mauvais jours de notre histoire contemporaine, tu n'as pas hésité à te joindre au premier représentant de la ville de Versailles, pour couvrir avec lui de ta personne, tes concitoyens menacés par les vainqueurs de notre malheureuse patrie.

Nous tes anciens collègues qui avons eu l'honneur de siéger à tes côtés, nous saluons en toi le magistrat distingué que nous avons vu à l'œuvre, car juge consulaire, Président du tribunal de commerce, premier conseiller municipal et maire de la ville de Versailles, tu as, pendant la longue période de tes années d'exercice, fait preuve de qualités exceptionnelles, et absolument dignes des très-honorables fonctions publiques auxquelles tu te trouvais successivement et concurremment appelé, tu as rempli ces difficiles fonctions avec toute l'autorité que te donnaient ton caractère indépendant, ta croyance au progrès, ta ferme volonté de faire prévaloir le bien.

Salut également au chevalier de la Légion d'honneur Barné-Perrault, dignement et justement récompensé, qui joignant à l'amour du travail une droiture et une intégrité parfaite a mis généreusement au service de son pays ses incontestables facultés intellectuelles ainsi que ses brillantes qualités morales.

Cher ancien et regretté Président, reçois nos derniers adieux !

Nous ne les adressons pas à ta dépouille mortelle qui ne peut nous entendre. Nous les adressons à ton âme que nous avons connue vertueuse et bonne entre toutes, à ton âme généreuse, qui ayant noblement accompli sur terre la mission qui lui incombait, nous a quittés pour aller rejoindre dans l'éternité l'essence même de Dieu qui l'a créée.

Reçois nos hommages de profond respect, et sois assuré que le souvenir de tes belles et nobles qualités ne s'effacera jamais de notre cœur.

DISCOURS DE M. RAMEAU

Maire de Versailles

(Recueilli de mémoire, à la demande de la famille.)

Messieurs,

La mort frappe à coups redoublés dans nos rangs !

L'année dernière nous perdions MM. *Leduc* et *de Magny* ; cette année n'est pas à la moitié de son cours, que déjà nous conduisons le deuil de MM. *Guilloteaux-Valet* et *Barué-Perrault*.

Comme les deux premiers, M. Barué-Perrault a payé de sa vie son dévouement aux fonctions publiques et gratuites qu'il avait acceptées en trop grand nombre.

Pour donner une idée du vide que sa mort va produire, je dirai les titres des fonctions qu'il laisse vacantes, car il nous faut *dix personnes* pour combler ces vides,

Un conseiller municipal.

Un administrateur de l'hospice.

Un membre du bureau de bienfaisance.

Un administrateur de la succursale de la Banque de France.

Un membre du conseil de la fabrique Notre-Dame.

Un président de l'Union versaillaise du commerce.

Un administrateur de la Société des fêtes versail-
laises.

Un délégué cantonal de l'Instruction primaire.

Un administrateur de la Caisse d'épargne.

Un administrateur de la Maison de providence contre
la mendicité.

Un président de la Société de patronage des libérés
repentants.

Messieurs, on aurait tort de taxer d'ambition de pa-
reils dévouements! Faisons plutôt des vœux pour qu'ils
trouvent des imitateurs.

Je ne saurais, quant à moi, oublier qu'il fut avec
MM. Mainguet et Édouard Lefebvre, l'un des quatre
otages que l'ennemi vint chercher, en 1870, sur les
bancs du conseil municipal, et le fait d'avoir été jeté en
prison, comme représentant de la ville, ne lui sera sans
doute pas reproché comme un acte ambitieux !

En face de ce cercueil, et de ses nombreux amis qui
l'ont accompagné jusqu'ici, je ne peux, au nom de la cité
que jeter sur cette tombe ces deux mots : « Souvenirs et
regrets ! »

DISCOURS DE M. ED. COURTEVILLE

au nom de la Société de Patronage des Libérés et des Jeunes Prévenus.

(Premier Secrétaire de cette société)

Messieurs,

La Société de patronage des libérés et des jeunes prévenus a, elle aussi, un devoir de cœur à remplir devant cette tombe qui va se refermer.

Elle perd en M. Barué-Perrault le président de son choix, celui que son comité tout entier est allé chercher jusque dans l'intimité du foyer, sans le prévenir d'une démarche qui honorait encore plus celui qui en était l'objet que ceux qui l'ont spontanément tentée.

M. Barué-Perrault résista d'abord à nos sollicitations pressantes. Il savait, en effet, combien sa frêle constitution lui rendait difficile l'accomplissement des nombreuses obligations qu'il avait déjà généreusement contractées, mais, comme il s'agissait encore de la classe si nombreuse des infortunés, comme il s'agissait aussi de faire bénéficier nos travaux de l'unanimité sympathique qui avait caractérisé son élection, M. Barué-Perrault accepta.

Est-il besoin d'ajouter qu'il devait apporter dans nos

entretiens cet esprit droit et conciliateur, ce tact sûr et cette courtoisie cordiale qui distinguaient sa nature d'élite et devaient imprimer à nos efforts, à notre bonne volonté une direction sage, utile et prospère.

Malheureusement, Messieurs, quelques mois s'étaient à peine écoulés que la santé de notre affectionné président lui interdisait la fréquentation régulière de nos séances, et d'une façon absolue celle de ce congrès universel des Sociétés de patronage qui aurait impressionné d'une façon si touchante son âme charitable et bonne.

Plusieurs fois il voulut se retirer, et sa démission fut toujours refusée. Votre nom, lui disait-on, est un drapeau qui sert à rallier autour de notre œuvre toutes les sympathies, à assurer à chacun de nous le respect de ses convictions. Tant est-il, Messieurs, que la Société pleure aujourd'hui son chef vénéré, puisqu'il l'a guidée jusqu'au dernier moment, ne fussé-je que par le seul prestige de son caractère.

Vous venez d'entendre, Messieurs, l'éloge du magistrat intègre, de l'administrateur habile ; l'homme de bien nous appartient pour la plus large part et nous le revendiquons de toute l'énergie de notre affection si cruellement éprouvée.

Messieurs, l'homme excellent qui est là, et qui professait au plus haut degré le respect de la liberté de conscience, est mort en chrétien après une noble vie aussi dignement, aussi largement remplie que possible. Ne le plaignons pas, et contentons-nous d'exprimer toute l'amertume de nos regrets à sa veuve et à ses enfants justement inconsolables. Quant à la grande famille des déshérités si largement affligée, elle aussi, il nous reste à lui dire que la semence du bien germe toujours sur la

terre française quand des hommes comme M. Barué-Perrault ont fécondé de leur incessant labeur le sol ardu,
mais toujours fertile du dévouement obscur et de la cha-
rité.

2172. — VERSAILLES. IMPRIMERIE CERF ET FILS, RUE DUPLESSIS, 59.